VENTE JUDICIAIRE

D'UN

TRÈS BEAU MOBILIER

Styles Louis XIV et Louis XV

et Renaissance

EN BOIS SCULPTÉ ET DORÉ

BEAUX PARAVENTS ET NOMBREUX SIÈGES

BRONZES ET OBJETS DE L'ORIENT

HOTEL DROUOT ❖ SALLES Nᵒˢ 9 ET 7

Les Samedi 9 et Lundi 11 Mai 1891

A DEUX HEURES

Mᵉ MOTEL | **M. B. LASQUIN**
COMMISSAIRE-PRISEUR | EXPERT
Rue Rossini, nᵒ 3 | *Rue Laffitte, nᵒ 12*

Exposition publique

Le Vendredi 8 Mai 1891, de une heure et demie à cinq heures et demie

PARIS — 1891

IMPRIMERIE MAULDE ET RENOU

———

A. MAULDE & Cie

IMPRIMEURS DE LA COMPAGNIE DES COMMISSAIRES-PRISEURS

Rue de Rivoli, 144. — Paris

CATALOGUE

D'UN

TRÈS BEAU MOBILIER

DE DIFFÉRENTS STYLES

IMPORTANT AMEUBLEMENT DE SALON STYLE LOUIS XIV

Jolis Meubles de style Louis XV en bois doré
Torchères Louis XIV, Meubles anciens et de fantaisie, Salle à manger
Antichambre style Henri II en noyer

BEAUX PARAVENTS ET NOMBREUX SIÈGES

Garnis de riches velours, broderies et soieries anciennes

BRONZES D'ART ET D'AMEUBLEMENT

LUSTRES ET GIRANDOLES LOUIS XIV EN CRISTAUX

COLLECTION DE BRONZES ET OBJETS DE L'ORIENT

Porcelaines, Cristaux, Plaqué, Argenterie, Tapis, Carpettes orientales, Rideaux
Livres

ENVIRON 600 BOUTEILLES DE VINS FINS

Dont la vente judiciaire aura lieu

HOTEL DROUOT, SALLES Nᵒˢ 9 ET 7

Les Samedi 9 et Lundi 11 Mai 1891

A DEUX-HEURES

Par le ministère de Mᵉ **MOTEL**, Commissaire-Priseur, rue Rossini, 3
Assisté de **M. B. LASQUIN**, Expert, rue Laffitte, 12

CHEZ LESQUELS SE TROUVE LE PRÉSENT CATALOGUE

EXPOSITION PUBLIQUE

Salles 9 et 7 : le Vendredi 8 Mai, et Salle 9 : le Dimanche 11 Mai 1891

DE UNE HEURE ET DEMIE A CINQ HEURES ET DEMIE

CONDITIONS DE LA VENTE

—

Elle sera faite au comptant.

Les Acquéreurs paieront CINQ POUR CENT en sus du prix
d'adjudication.

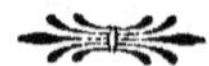

A MAULDE et Cⁱᵉ, imprimeurs de la Compagnie des Commissaires-Priseurs,
rue de Rivoli, 144.   800—14667

DÉSIGNATION

MEUBLES DE SALON EN BOIS DORÉ

1 — Très jolie Vitrine de Salon à hauteur d'appui, de style Louis XV, en bois sculpté et doré. Le corps du milieu de forme contournée offre aux angles quatre montants formés de faisceaux enrubannés se dégageant de motifs se terminant en piétements très gracieux. Les deux parties latérales en recul et plus basses que le corps central complètent l'ensemble de ce meuble remarquable par ses belles proportions et sa sobriété d'ornementation. L'intérieur à deux tablettes est garni de peluche. Dessus en marbre.

2 — Très jolie Vitrine de Salon, hauteur d'appui de style Louis XV, en bois sculpté et doré, pareille à la précédente, mais à un seul corps.

3-4 — Deux autres petites Vitrines d'entre-deux, de forme et de décor analogues aux précédentes.

5 — Vitrine de Salon, de style Louis XV, en bois sculpté et doré, analogue de forme et d'ornementation aux précédentes, la partie supérieure de forme contournée, se termine par un joli fronton composé d'un motif rocaille. Elle repose sur un soubassement également en bois sculpté et doré épousant la forme du meuble.

6 — Jolie Vitrine à deux corps, de style analogue aux meubles précédents et de même travail, en bois sculpté et doré.

7 — Petite Table-Étagère, de forme Louis XV, carrée et à pieds contournés, en bois sculpté et doré à ornements, coquilles et rubans.

8 — Petite Table, de forme analogue à la précédente, en bois doré et mouluré.

9 — Jolie petite Table-Étagère, de style Louis XV, en bois finement sculpté et doré, avec tablettes garnies de soie, forme très élégante.

10 — Deux Torchères Louis XIV, en bois sculpté et doré, à tige triangulaire ajourée, ornées de volutes à feuillage et reposant sur un trépied également à volutes.

11 — Table carrée, de style Louis XVI, en bois doré, ceinture à cannelures.

SIÈGES

—

12 — Magnifique Ameublement de Salon, en partie du temps et en partie de style Louis XIV, en bois sculpté et doré, les dossiers couronnés par une crête d'ornements ajourés à volutes, feuillages et écussons. La ceinture, à contours, repose sur des pieds de biche auxquels elle est reliée par de riches ornements.

La garniture est en brocarts et soieries de tons et d'ornementation variés.

Cet Ameublement est composé d'un grand Canapé à oreilles, d'un petit Canapé, d'une Bergère, de sept Fauteuils et de dix Chaises.

Il pourra être vendu divisément.

13 — Écran de même style que l'ameublement qui précède, garni de soie ancienne.

14 — Petit Canapé de style Louis XV, à dossier élevé, en bois sculpté, à coquilles et feuillages, en partie dorés, et garni de broderies sur fond de soie rose.

15 — Chaises de style Louis XIV, en bois doré, dossier à coquilles et feuillages, pieds à croisillons, garnies de soie ancienne.

16 — Chaises de même modèle en bois doré en partie.

17 — Chaises de style Louis XIV, en bois sculpté et doré, garnies de canne dorée.

18 — Chaise longue en trois parties, forme Louis XV, à motifs de feuillages, en bois sculpté et doré, garnie de soie brochée.

19 — Deux Fauteuils italiens de forme carrée en bois sculpté, genre Renaissance.

20 — Charmant petit Fauteuil d'enfant, de style L. XV, en bois sculpté rehaussé de dorure et garni de soie à fond rose.

21 — Tabouret de piano de style Louis XV, forme carrée, à pieds reliés par un croisillon, en bois sculpté et doré, garni de soie brochée.

22 — Tabouret de pieds, à crémaillère, forme Louis XV, en bois doré, garni de soie brochée.

23 — Deux grands Fauteuils style Louis XIV, en bois de noyer sculpté, garnis de tapisserie moderne à fleurs, les pieds reliés par un entrejambe en X, les bras terminés en volutes.

24 — Quatre Escabeaux style Henri II, en noyer, à dossiers sculptés.

25 — Deux beaux Fauteuils Louis XV, en bois sculpté, à dossier contourné, garnis de canne dorée, avec coussins en soie.

26 — Fauteuil Louis XV, en bois sculpté, forme contournée, garni de canne dorée.

27 — Fauteuil Louis XIV, en bois sculpté, garni de canne dorée et d'un coussin de soie.

28 — Deux Fauteuils de style Louis XIII, en bois sculpté et doré, à têtes et griffes de lion et feuillages, garnis de riches borderies en soie de couleur sur satin clair à arbustes et oiseaux.

29 — Très beau Canapé dont les accotoirs sont mobiles et se rabattent, garni de riches applications de broderies d'or Renaissance sur fond de velours rouge et velours ciselé fond clair.

30 — Divan-Coussin à deux places, à dossier mobile se divisant en deux parties, garni de soie rose et velours vert bordé d'une frange.

31 — Divan-Coussin analogue au précédent; celui-ci garni de très riches broderies d'or et de soie à ornements et oiseaux.

32 — Divan à trois Coussins en velours marron.

33 — Deux Fauteuils et deux Chaises de même étoffe.

34 — Fauteuil confortable garni d'ancien velours italien à ornements en rouge et jaune.

SALLE A MANGER

35 — Très grand Buffet-Vitrine en bois de noyer, orné de colonnettes, composées de balustres sculptés superposés et évidés à jour; sur le haut des chimères décorent les angles; ce meuble forme l'encadrement

d'une cheminée, dont les montants sont sculptés
à cariatides.

Les glaces de ce meuble ouvrent par un système
à coulisse.

36 — Buffet-Dressoir, de même style et d'ornementation
analogue au précédent meuble.

37 — Autre Buffet-Dressoir, d'architecture analogue
aux précédents.

38 — Servante de même style.

39 — Grande Table de salle à manger, en bois de noyer,
de forme rectangulaire, à pieds gaînés, sculptés,
reliés par une entretoise à balustres.

40 — Dix-huit Chaises de salle à manger, de même
style que la table à pieds gaînés et recouvertes de
peau de porc.

ANTICHAMBRE

41-42 — Deux Stalles d'antichambre à dossier élevé et
accotoirs à balustres, le siège formant coffre, en bois
de noyer, à moulures de style Henri II.

43 — Fauteuil d'un beau modèle, de style Renaissance,
en bois de noyer sculpté, le dossier, à balustre et
arceaux, surmonté d'un fronton, les bras terminés
par des têtes de béliers, à pieds et bras à torsades,
dossier sculpté à fronton.

44 — Fauteuil de style Louis XIII, en noyer sculpté.

45 — Table de style Henri II, en bois de noyer, à entre-jambe et pieds formés de colonnettes soutenant des arceaux.

MEUBLES DIVERS

46 — Joli Bureau de dame, de style Louis XV, en bois de violette, marqueté à damier, de forme contour-née, surmonté d'un casier, et garni d'ornements en bronze finement ciselé et doré. Meuble d'une exécu-tion très soignée.

47 — Table de nuit, de style Louis XV, en bois de vio-lette, marqueté en damier et orné de bronzes cise-lés et dorés, de même travail que le bureau qui précède.

48 — Grande Commode ancienne, en bois marqueté à fleurs.

49 — Meuble Louis XIII, à deux corps, en bois de noyer mouluré, avec colonnettes torses aux angles.

50 — Régulateur hollandais dans sa gaîne, en noyer marqueté et surmonté de figurines.

51 — Table de style Henri II, en noyer.

52 — Cabinet portugais du xvıı^e siècle, ouvrant à abat-tant, en bois richement marqueté, à motifs d'orne-ments et figures, filets et entrelacs.

53 — Table rectangulaire, de style chinois, en bois
découpé à jour et dessus incrusté de fleurs et d'oiseaux, en ivoire et en nacre, en relief.

54 — Table-Servante, de style chinois, en bois sculpté
et ajouré.

55 — Table à deux allonges, de style chinois, en bois
sculpté et gravé, ornée de dragons, en bronze doré
sur les pieds.

56 — Support carré, de style chinois, en bois noir
découpé et sculpté, dessus de marbre.

57 — Deux grands Meubles vitrés, de style chinois, en
bois sculpté rehaussé de dorures, ils sont supportés
par des consoles, à pieds formés de chimères, la
partie supérieure en toit de pagode est ornée d'un
dragon fantastique.

58 — Support formé d'une colonne torse.

59 — Cabinet vénitien, de forme carrée, en verre gravé,
orné de colonnettes à chapiteaux et surmonté d'un
dôme garni de consoles en bois doré.

PARAVENTS

60 — Beau Paravent à cinq feuilles, en velours italien
du xvᵉ siècle, à larges ornements en jaune sur fond
cramoisi.

61 — Paravent à quatre feuilles, en soie, Louis XV, fond paille brochée à fleurs, encadrement en galon, revers en peluche et soie rose.

62 — Paravent à quatre feuilles en soie brochée à fleurs, revers en peluche rouge galonnée.

63 — Paravent à quatre feuilles, en peluche et soie brochée à fleurs en couleurs.

64 — Paravement à quatre feuilles en soie lamée d'argent et peluche, avec galons en broderie d'or.

65 — Paravent à six feuilles, dont deux à rampe en soie brochée à fleurs et peluche verte.

66 — Paravent à quatre feuilles en soie bleu clair et peluche avec encadrements de broderie et galon d'or et d'argent.

67 — Paravent à trois feuilles en dauphine brochée à fleurettes, revers en panne à encadrement vert.

68 — Paravent à quatre feuilles en soie Louis XV brochée à fleurs, sur fond blanc, revers en peluche cramoisie galonnée d'or.

69 — Paravent à quatre feuilles, en riche soierie ancienne à rayures et branches courantes, revers en peluche vieux rose galonnée de soie.

70 — Paravent à quatre feuilles en soie brochée à fleurs sur fond bleu, revers de peluche marron.

71 — Petit Paravent de fenêtre à trois feuilles en brocart, avec revers en peluche.

72 — Ecran en bois noir avec feuille en soie brochée.

73 — Ecran du temps de l'Empire, avec tablette, et garni d'une feuille de soie.

BRONZES D'ART ET D'AMEUBLEMENT

74 — Groupe en bronze : l'Enfant à l'Oie, sur socle en marbre noir.

75 — Statuette de Diane de Gabie, en bronze.

76 — Statuette de Vénus de Milo, en bronze.

77 — Statuette de Baigneuse, d'après Allegrain, en bronze.

78 — Statuette de Danseuse, en bronze.

79 — Pendule du temps de l'Empire. en bronze vert, surmonté d'une figure de femme et ornée d'appliques en bronze doré ; sur les côtés deux dauphins.

80 — Pendule de Raingo, genre Louis XVI, en bronze doré, surmontée d'un groupe de deux enfants en bronze patiné. Deux Cadélabres accompagnent la pendule qui précède.

81 — Pendule et deux Candélabres, en bronze doré, à figures d'enfants et garnie de plaques de porcelaine décorée.

82 — Deux Candélabres à trois lumières, en cuivre, tiges de fleurs montées sur des vases.

83 — Grande Lampe formée d'un vase-balustre à grosse panse, en porcelaine de Chine haricot rouge, avec monture en bronze doré de style chinois.

LUSTRES ET GIRANDOLES

84 — Autre Lampe de même forme, en porcelaine flambée violet à côtes, avec monture en bronze doré de style chinois.

85 — Beau Lustre à vingt lumières, de style Louis XIV, en bronze doré garni de cristaux, pièces d'enfilage, pyramides, pendeloques et guirlandes.

86 — Deux grandes Girandoles, composées chacune d'un petit Lustre ancien en verre de Bohême monté sur pied en bronze doré, de style Louis XIV.

87 — Girandole analogue aux précédentes.

88 — Deux Girandoles, de style Louis XIV, montées sur pieds triangulaires en bronze doré et garnies de cristaux, pièces d'enfilage et pyramides.

89 — Petit Lustre ancien en verre de Bohême.

90 — Glace de Venise.

BRONZES DE L'ORIENT

91 — Lampe montée sur un vase-balustre, en bronze ancien du Japon, à ornements en relief et gravés.

92 — Lampe en bronze doré, montée sur un vase carré, en ancien bronze du Japon.

93 — Lampe montée sur un vase de forme balustre carrée, en ancien bronze du Japon, à ornements gravés et munis de leur anses.

94 — Brûle-Parfum, en forme de chimère assise, en ancien bronze du Japon.

95 — Brûle-Parfum, en forme de pagode carrée, en ancien bronze de la Chine. Pièce rare et très curieuse.

96 — Vase-Balustre à panse ovoïdale et à deux anses, en ancien bronze de la Chine, à ornements en relief.

97 — Candélabre monté sur un vase cylindrique en ancien bronze du Japon, orné de branchages en relief.

98 — Vase en ancien bronze du Japon, à panse ornée de spirales en relief et muni de deux larges anses partant de l'orifice et reliant la base.

99 — Vase ovoïde, à très large orifice, en bronze du Japon, gravé et garni de deux anses dragons.

100 — **Collection de curieux Bronzes anciens** de la
Chine et du Japon : Figure de Poussah, Chimères,
Animaux fantastiques, Brûle-Parfums, Groupes et
Figurines.

OBJETS DE L'ORIENT ET CURIOSITÉS

101 — Collection d'Objets de la Chine : Coffret en bois
burgauté, Coffret en bois sculpté à figures, Cadre de
Tam-Tam, en bois sculpté, à dragons et doré, Fi-
gure de Tartare en bois peint, Coffrets en laque,
Supports et Socles en laque, petit Palanquin et
Objets divers.

102 — Collection de Figurines en ancienne porcelaine
blanche de Chine.

103 — Porcelaines de Saxe.

104 — Vases en porcelaine décorée.

TAPIS

105 — Tapis et Carpettes de l'Orient.

106 — Carpettes à dessin oriental de fabrication vien-
noise.

107 — Rideaux.

VAISSELLE ET CRISTAUX

Service de table en cristal, Pièces montées en bronze
argenté.

Pièces de Service en ancienne porcelaine du Japon, porcelaine de Saxe et faïence.

Service de table en plaqué.

ARGENTERIE

LIVRES

Vins fins, environ 600 bouteilles.

Meubles divers non catalogués.